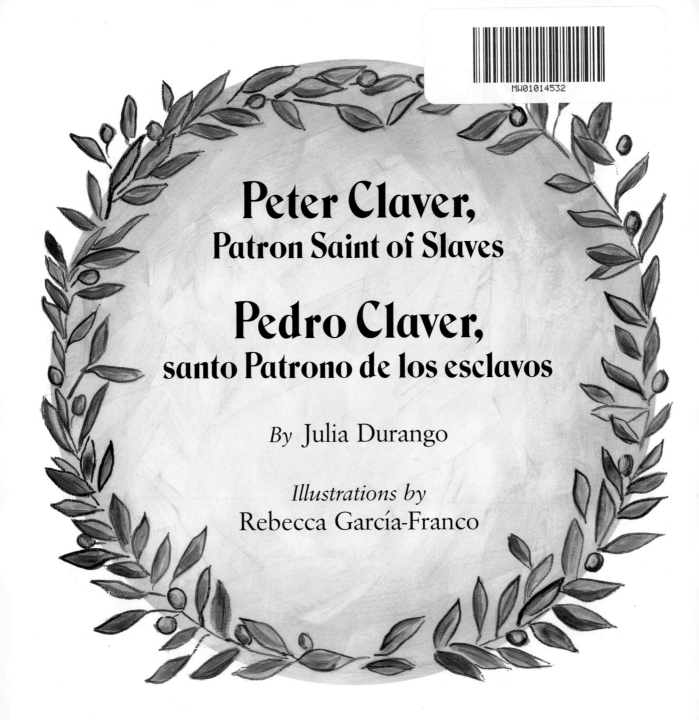

Peter Claver,
Patron Saint of Slaves

Pedro Claver,
santo Patrono de los esclavos

By Julia Durango

Illustrations by
Rebecca García-Franco

Paulist Press
New York/Mahwah, N.J.

Dedicatoria de la autora
a mi abuela, Mary Frances Greider, con amor. — J.D.

Dedicatoria de la ilustradora
a S. Leago, amigos, familia, J. C. G-F, y C. A. G-F. — R.G-F

◆

Author's dedication
To my grandmother, Mary Frances Greider, with love. — J.D.

Illustrator's dedication
To S. Leago, friends, family, J. C. G-F, and C. A. G-F. — R.G-F

Cover and book design by Saija Autrand, Faces Type & Design
Cover illustration by Rebecca García-Franco
Spanish translation: thanks to Come Alive Communications, www.comealiveusa.com
Text Copyright © 2002 by Julia Durango

Illustrations Copyright © 2002 by Rebecca García-Franco

Library of Congress Cataloging-in-Publication Data

Durango, Julia.
    Peter Claver, patron saint of slaves = Pedro Claver, santo patrono de los esclavos /
by Julia Durango ; illustrations by Rebecca García-Franco.
    p. cm.
    Summary: An introduction to the life of Saint Pedro Claver, a seventeenth century Jesuit priest who spent his life caring for slaves in Colombia and working for their freedom.
    ISBN 0-8091-6697-6 (alk. paper)
    1. Claver, Pedro, Saint, 1580-1654–Juvenile literature.   2. Christian saints–Spain–Biography–Juvenile literature.   3. Missionaries–Colombia–Biography–Juvenile literature.   4. Missionaries–Spain–Biography–Juvenile literature.   [1. Claver, Pedro, Saint, 1580-1654.   2. Saints.
3. Missionaries.   4. Spanish language materials–Bilingual.]   I. Title: Pedro Claver, santo patrono de los esclavos.   II. García-Franco, Rebecca, ill.   III. Title.

BX4700.C65 D87 2001
266'.2'092–dc21
[B]
                                                                    2001044656

Published by Paulist Press
997 Macarthur Boulevard
Mahwah, New Jersey 07430

www.paulistpress.com

Printed and bound in the United States of America

En tiempos de exploradores y marineros . . .

In the time of explorers and sailors . . .

un joven sacerdote de nombre Pedro Claver dejó su hogar en España por el Nuevo Mundo.

a young priest named Peter Claver left his home in Spain to see the New World.

Navegó a la deslumbrante y cálida ciudad de Cartagena, un activo puerto comercial del Mar Caribe.

He sailed to the bright, hot city of Cartagena, a bustling trade port in the Caribbean Sea.

Allí vio muchas cosas maravillosas—mangos, monos, flores de suave aroma.

Peter saw many wonderful things there—mangos, monkeys, sweet-smelling flowers.

Tambien vio algo terrible—la esclavitud.

And Peter saw one terrible thing—slavery.

Los barcos de esclavos arribaban al Nuevo Mundo cargados con personas que habían sido raptadas en el África. Desde los silenciosos barcos asomaban sus caras sombrías, solitarias y temerosas.

Slave ships arrived in the New World, filled with people stolen from Africa. Midnight faces looked out, alone and scared, from the silent ships.

Pedro observaba y reflexionaba. Esa misma noche, hizo una promesa a Dios:

"Esclavo de los esclavos he jurado siempre ser.
No descansaré hasta su libertad puedan tener."

Peter watched and thought. That night he made a promise to God:

"The slave of slaves I swear to be.
I will not rest until they're free."

A la mañana siguiente Pedro remó hasta los barcos con alimentos y agua para los africanos.

The next morning Peter rowed to the ships with food and water for the Africans.

Los bañó y los alimentó.

He bathed and fed them.

Curó sus heridas.

He tended their wounds.

"¿Por qué es usted amable cuando otros son crueles?", preguntaron los africanos.

"Esclavo de los esclavos he jurado siempre ser. No descansaré hasta su libertad puedan tener", prometió Pedro.

"Why are you kind, when others are cruel?" asked the Africans.

"The slave of slaves I've sworn to be. I will not rest until you're free," promised Peter.

Los traficantes de esclavos hicieron descender a los africanos a tierra y los condujeron a barracas. Pedro asistió a quienes estaban demasiado enfermos para caminar.

Slave traders brought the Africans to land and marched them into holding pens. Peter carried those too sick to walk.

Después, convocó a personas importantes de la ciudad. Les rogó que liberaran a los africanos.

"¡Pierde su tiempo, Padre! Necesitamos esclavos para que trabajen para nosotros", dijeron.

"No", respondió Pedro. "Necesitamos trabajar por nosotros mismos."

Then he called on important townspeople. He begged them to free the Africans.

"You waste your time, Father! We need the slaves to work for us," they said.

"No," said Peter. "We need to work for ourselves."

Cada día Pedro regresaba a las barracas. Limpiaba y vendaba las espaldas flageladas de hombres y mujeres africanos. Ponía a los niños en su regazo y les contaba historias de días mejores por venir.

Each day Peter returned to the holding pens. He cleansed and bandaged the whiplashed backs of African men and women. He held their children on his lap and told them stories of better days to come.

Cada atardecer, Pedro acudía a la mansión del Gobernador.

"Por favor, libere a los esclavos", rogaba.

"Es rudo suplicar, Pedro", respondía el Gobernador.

"Tal vez", decía Pedro. "Pero es peor el poseer esclavos."

Each evening Peter walked to the Governor's mansion.

"Please free the slaves," Peter begged.

"It is rude to beg, Peter," said the Governor.

"Perhaps," said Peter. "But it is worse to own slaves."

Los hombres que se denominaban amos a sí mismos compraban a los africanos y los obligaban a trabajar en minas y plantaciones.

Men who called themselves masters bought the Africans and forced them to work in mines and on plantations.

Pedro viajó lejos para visitarlos. Suplicaba a los amos que liberaran a los esclavos.

"Ocúpese de sus propios asuntos, Padre", decían los amos.

"Sí", replicaba Pedro. "Es eso lo que hago."

Peter traveled far to visit them. He begged the masters to free the slaves.

"Mind your own business, priest," said the masters.

"Yes," said Peter. "That is what I'm doing."

Transcurrió el tiempo y pese a que se convirtió en un hombre anciano, Pedro siguió trabajando para liberar a los esclavos.

"¡Debe descansar!", decían sus amigos africanos.

"No descansaré", respondía Pedro.

Time passed and Peter became an old man, but he kept working to free the slaves.

"You must rest!" said his African friends.

"I will not rest," said Peter.

Fue entonces cuando se desató una plaga sobre la región y enfermaron muchos esclavos.

Then a plague crept over the land, and many slaves became ill.

Lo mismo pasó a Pedro. Pero aunque enfermo, sujetó su cuerpo debilitado a un caballo y distribuyó medicinas a sus amigos.

So did Peter. But even though he was sick, he strapped his weakened body to a horse and delivered medicine to his friends.

"Pedro, ¡usted está muriendo! ¡Tiene que descansar!", le rogaron.

"Peter, you are dying! You must rest!" they cried.

"Esclavo de los esclavos he jurado siempre ser. Mi alma no descansará hasta su libertad puedan tener", susurró Pedro . . .

"The slave of slaves I'll always be. My soul won't rest until you're free," Peter whispered . . .

. . . al cerrar sus ojos por última vez.

. . . and closed his eyes for the last time.

Pasaron días, meses y años. Finalmente los esclavos obtuvieron su libertad.

Days and months and years swept by; finally the slaves won their freedom.

Eran los nietos de los nietos de los amigos de Pedro.

They were the grandchildren of the grandchildren of
Peter's friends.

Todavía lo recordaban. Se desató un coro de voces que clamó al cielo por él:

Yet they remembered. A chorus of voices called to the heavens:

"Esclavo de los esclavos, ¡tu alma bendita sea!
Ahora puedes descansar, ¡has completado tu tarea!"

"Slave of Slaves, your soul be blessed!
Your work is done, now you may rest!"

Sus cantos de libertad se elevaron al cielo, uniéndose a los cantos de aquéllos que les habían precedido.

Their song of freedom soared high, joining the song of those who had gone before them.

Pedro sonrió.

And Peter smiled.

Pedro Claver era un sacerdote jesuita que nació en España y, en 1610, viajó a la colonia española de Cartagena. Después de ver la crueldad del floreciente comercio de esclavos, dedicó su vida a socorrer a los africanos, llamándose a sí mismo "por siempre esclavo de los esclavos". Cuidó de los esclavos durante treinta y ocho años, luchando por su libertad y persuadiendo al gobernador de Cartagena que les garantizara días de descanso los domingos y días de fiesta. Después de muchos años de sufrir la plaga, Pedro falleció en 1654. Oficiaron dos conmemoraciones: el funeral oficial y otra, separada, organizada por sus amigos africanos.

En 1888 la Iglesia Católica Romana canonizó a Pedro. Ahora es conocido como el santo Patrono de los Afroamericanos, los esclavos y los vínculos raciales.

Peter Claver was a Spanish-born Jesuit priest who traveled to the Spanish colony of Cartagena in 1610. Upon seeing the cruelty of the flourishing slave trade, Peter dedicated his life to helping the Africans, calling himself "the slave of slaves forever." Peter cared for the slaves for thirty-eight years, championing their freedom and persuading the Governor of Cartagena to grant them days of rest on Sundays and holidays. After many years of suffering from the plague, Peter died in 1654. Two services were held for him: the official funeral, and a separate memorial attended by his African friends.

In 1888, the Roman Catholic Church canonized Peter. He is now known as the patron saint of African-Americans, slaves, and race relations.